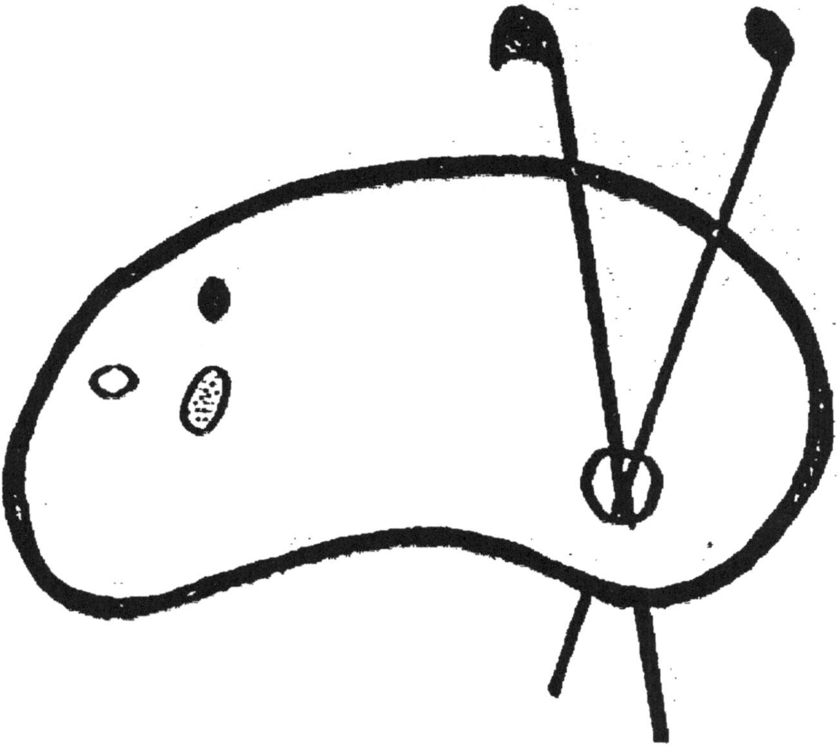

DEBUT D'UNE SERIE DE DOCUMENTS EN COULEUR

Bibliothèque de "l'Avril"

PLAIDOYER
POUR LES
"ANNEXÉS"

PAR

Georges DELAHACHE

Deuxième Edition

RÉDACTION ET ADMINISTRATION
1, Rue Manuel. — PARIS

1898

Bibliothèque de "l'Avril"

PLAIDOYER
POUR LES
"ANNEXÉS"

PAR

Georges DELAHACHE

Deuxième Edition

RÉDACTION ET ADMINISTRATION
1, Rue Manuel. — PARIS

1898

Imp. MERCIER
156, Route de Versailles
BILLANCOURT
Seine

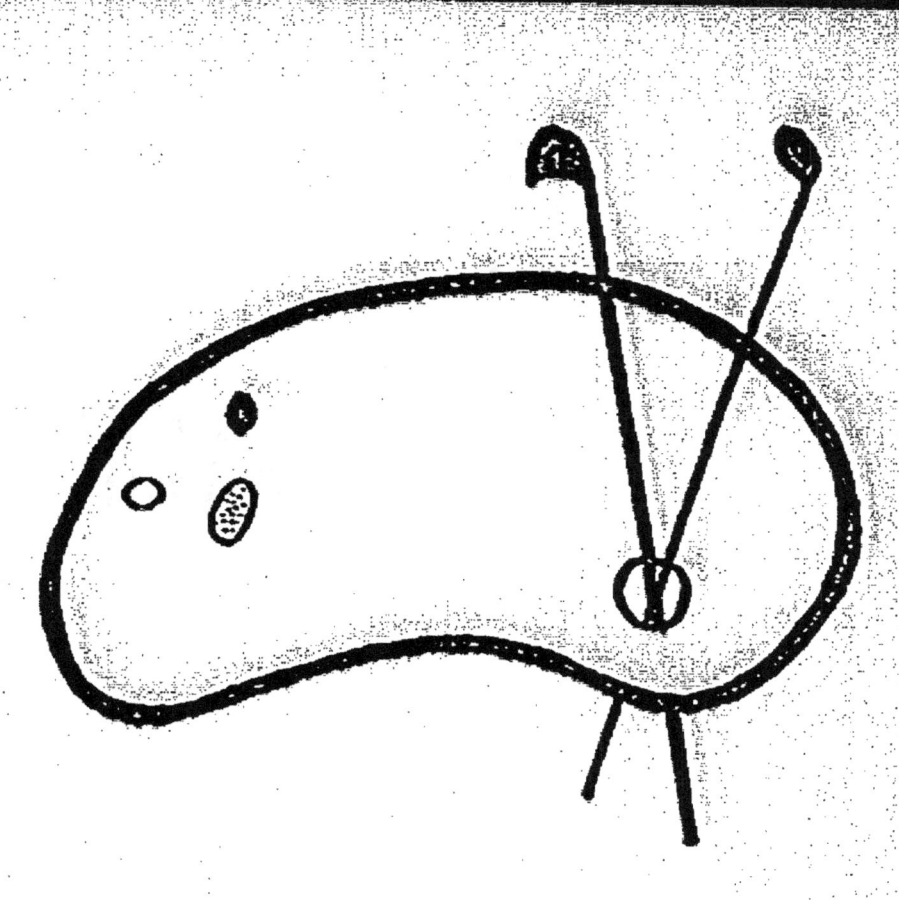

FIN D'UNE SERIE DE DOCUMENTS EN COULEUR

Bibliothèque de "l'Avril"

PLAIDOYER
POUR LES
"ANNEXÉS"

PAR

Georges DELAHACHE

Deuxième Edition

RÉDACTION ET ADMINISTRATION
1, Rue Manuel. — PARIS

1898

PLAIDOYER POUR LES "ANNEXÉS"

Plaidoyer pour les « Annexés »

> — X..., né en Alsace, engagé volontaire dans un régiment français. Très bons antécédents, mais, mal accueilli à ca.se de son origine et de son accent, exaspéré par les plaisanteries des camarades, devint sombre, irascible, querelleur... Conclusion : désobéissance, outrages, désertion, conseil de guerre.
> (Les journaux : avril 1897.)
> Explosion d'un engin sur le passage du Président de la République allant à Longchamps : « On ignore encore l'auteur de l'attentat ; les soupçons se portent sur un *étranger*, Polonais ou *Alsacien*.
> (Les journaux : juin 1897.)
> — A propos de Scheurer-Kestner : « ce Prussien ! »
> (*Intransigeant*, *Libre-Parole* et autres : depuis novembre 1897.)

Parlons en peu, mais parlons-en. Le patriotisme des Français est parfois nonchalant et parfois indiscret, éloquent toujours, sérieux, réfléchi, positif, logique, presque jamais. Je voudrais demander à quelques-uns, attirant leur attention sur une question particulière, de consentir à surveiller et à diriger leur sentimentalisme patriotique. Rude entreprise!... J'aurai du moins, moi, humble, dit ma pensée et fait mon devoir.

***

Lorsqu'autrefois, dans les collèges de Paris, à la rentrée d'Octobre, les habitués de la maison voyaient arriver un « nouveau », dont les cheveux blonds, la tête carrée, l'accent dur, indiquaient dès l'abord qu'il avait poussé entre les Vosges et le Rhin, le bonhomme avait vite son surnom : il était plus commode de l'appeler l'*Allemand* en deux syllabes toutes simples, que de s'écorcher la langue avec son nom rocailleux. L'*Allemand*! L'*Allemand*! et souvent, qu'il obtînt ou non la sympathie de ses camarades, qu'il se fâchât de cette épithète comme d'une injure, ou qu'il finît par la subir patiemment comme une mauvaise plaisanterie persistante, cette qualification fausse servait à le désigner désormais, et, jusqu'au bout de ses classes, pour tout le monde, il restait l'*Allemand*.

La plaisanterie n'était peut-être pas très spirituelle sous Napoléon III. Aujourd'hui, elle ne l'est plus du tout. Et pourtant, on continue à la faire — plus ou moins, selon les personnes et les circonstances — mais toujours d'un cœur léger. A l'école, à l'atelier, dans les bureaux, dans les salons, certain accent nous est facilement suspect. Je sais bien que nous avons le droit de nous méfier, pour avoir parfois accueilli à bras ouverts, comme venant d'Alsace, des gens qui venaient de plus loin. Je ne demande pas non plus au grand nombre une finesse de perception qu'il ne saurait avoir : tout le monde ne peut pas, comme ceux dont l'oreille est depuis l'enfance habituée au véritable accent d'Alsace, savoir distinguer, presque au premier mot, un Strasbourgeois d'avec un Poméranien... Il ne faudrait pourtant pas être trop simpliste. Or, non seulement on ne distingue pas, mais on ne cherche même pas à distinguer, on ne songe pas qu'il pourrait y avoir lieu à distinction. Pas un instant d'hésitation ni de réflexion ! Ce n'est pas dans notre nature. Nous avons là une bonne occasion de nous moquer du prochain et de faire parade de patriotisme : un Français serait-il encore Français s'il pouvait résister à cette double tentation ? Et puis, qu'importe après tout ! Si notre homme est Allemand et s'il se voit démasqué, tant mieux ! S'il est Alsacien, il n'a pas à se formaliser de la plaisanterie... Aussi, pourquoi se retenir davantage ? Le mot se presse contre les lèvres : qu'il sorte ! Il sort, et la blessure est faite.

Oui, mes bons amis de France, si nous sommes simplistes, mon bon ami d'Alsace ne l'est pas moins. Or, depuis vingt-cinq ans déjà, nous lui chantons bien haut et sur tous les airs que les Français reprendront l'Alsace et la Lorraine ; depuis vingt-cinq ans, nous faisons de belles phrases sonores ; et, dans les «grandes occasions» de la vie politique, les mots de « légitimes revendications », «d'inébranlables espérances », se précipitent à la fin des harangues parlementaires et des articles de journaux, avec le brillant fracas d'un galop de charge à la fin d'une revue ; depuis vingt-cinq ans, dans les emblèmes de fête nationale, dans les dessins allégoriques des journaux populaires, dans les cavalcades et les vachalcades aussi, nous aimons voir, se détachant sur un fond tricolore et doucement appuyés l'un sur l'autre, triste symbole d'une fraternité malheureuse, le large nœud noir de la Gretchen et le petit bonnet blanc de la paysanne Lorraine ; et pourtant, depuis vingt-cinq ans, toujours, c'est une garde allemande qui, chaque jour à midi, à grand bruit de cuivres et de fifres, devant tous les petits Mathis accourus, vient relever sur la place Kléber, la garde allemande de la veille ! Avouons que notre Alsacien a bien quelque mérite à garder sa foi tenace et qu'il a droit à des égards de la part de ses frères de France. Prenons garde ! Le malheur, l'oppression, les déceptions l'ont peut-être rendu susceptible. Quand il vient chez nous, si, pour une particularité tout extérieure, nous le condamnons à essuyer des plaisanteries désobligeantes, il en est gêné, la mauvaise humeur se glisse, et, lorsqu'elle est là, il se demande bientôt avec inquiétude si ces pauvres Français sont toujours aussi écervelés depuis la guerre, s'ils sont encore trop légers, s'ils ont encore le sourire trop facile pour ne pas retenir, devant un ami, un mot blessant qui n'a même pas le mérite d'être spirituel, si enfin on ne veut pas se débarrasser de lui comme d'un intrus et qu'on ne le renvoie pas brutalement à ses montagnes ?... Sans doute il a l'âme bien trempée ; ce n'est pas pour des futilités de ce genre qu'il abolira en lui tout d'un coup cette foi qu'il comptait transmettre intacte à ses fils, et voilà de grands discours pour un bien petit mot. Mais aussi ce petit mot signifie plus de choses qu'il n'est gros ; peut-être notre Alsacien le prend-il pour un indice, peut-être croit-il saisir d'autres indices à côté, qui, même faibles aussi et également insignifiants pour nous, le troublent et le feraient douter. Ce sont les *petits riens* qui constituent le *grand tout* : un mot saisi au vol, une intonation, un sourire, tout cela contribue à former l'impression générale qu'il remportera dans son pays ; et, en dernière analyse, n'est-ce pas ces mille nuances parfois insaisissables qui font les âmes et les actes, l'opinion et l'histoire ? Si j'insiste enfin, c'est que — pour une fois — nous ne pouvons, sous aucun prétexte, rendre le gouvernement responsable : la politique n'a rien à voir en cette affaire : c'est à nous qu'il faut nous en prendre, c'est nous qu'il faut surveiller, dans nos paroles et dans nos gestes, nous-mêmes, vous et moi ; c'est à nous qu'il appartient, aujourd'hui ou demain, lorsque le hasard introduira un Alsacien dans notre société, de prendre garde à ne pas le froisser dans ses sentiments intimes et *à ne pas décourager sa bonne volonté*.

**

Vous n'êtes pas tout à fait convaincus, et vous souriez un peu de lui et de moi, qui parlons si vite d'indices, de légèreté et de défaillances. Veuillez donc regarder un peu en vous-mêmes. Vingt-cinq ans! C'est bien loin! Et les hommes sont généralement légers, même en France... Même parmi ceux qui ont vécu ces temps de misère, quelques uns ont laissé pâlir leurs souvenirs. Il est si difficile et si pénible, dans la lutte pour la vie et dans l'agitation du monde, de traîner avec soi la douleur d'un grand regret, et de porter sans lassitude une grande espérance, dont on ne veut pas douter qu'elle ne se réalise un jour, dont on n'ose pas croire qu'elle se réalisera certainement! Et on oublie peu à peu que derrière toutes les paroles et derrière tous les actes de notre « vie publique », si modeste qu'elle soit — en déposant un bulletin de vote, en commentant l'évènement du jour, en « parlant politique » au coin du feu —, une pensée — la même éternellement — doit veiller sans trêve, presque toujours invisible, mais toujours présente, au point d'adoucir comme d'une légère teinte de mélancolie l'éclat même des joies privées. Car il fut lugubre, le printemps de nos aînés!... Mais tout le monde n'a pas cette ténacité dans la douleur et cette profondeur dans le ressentiment, qui faisait dire à la reine célèbre qu'en ouvrant son cœur après sa mort on y trouverait gravé le mot « Calais »! Le passé est bien passé ; qu'il dorme en paix avec nos sentiments éteints!... Quant à ceux de notre génération — ceux qui n'ont pas vu — ils ne se souviennent pas toujours d'eux-mêmes; il faudrait parfois leur rappeler le beau mot de Challemel-Lacour à propos des tristesses de 1851 : « Notre jeunesse a été flétrie. » Hélas! à nous aussi, notre enfance, notre naissance a été flétrie!.. Et cependant, parmi ces jeunes, les uns — ceux de la foule — continuent à se payer de mots, de cris, de fanfions patriotiques et de vantardises pitoyables. Les autres, dont l'âme est plus compliquée, qui se piquent d'esprit scientifique et d'impartialité philosophique, croyant voir d'un côté la désagrégation des forces et l'éparpillement des volontés, de l'autre une organisation de fer sous une main de fer, assistent en spectateurs curieux à la lutte sourde de ces deux organismes, et admirent, avec un détachement superbe, l'éternelle loi des choses humaines. La crainte des exagérations faciles les porte à défigurer légèrement la France et les Français, non plus à leur avantage, comme avant la guerre, mais à leur détriment; et j'ai peur que, dans l'âme de ces jeunes gens, le patriotisme ne pâtisse quelque peu du dédain que professe pour le chauvinisme vulgaire leur humeur aristocratique. Ils citent volontiers des mots de Pascal : (Se peut-il rien de plus plaisant, qu'un homme ait droit de me tuer parce qu'il demeure au-delà de l'eau...?) et ils plaignent d'un sourire hautain les pauvres esprits qui ne veulent pas s'enfermer avec eux, sans jamais regarder ailleurs, dans les régions sereines de la science pure, de l'art sans frontières et de la littérature sans âme. Ainsi tous également, les uns, ceux de la foule, par une naïve assurance, les autres, ceux de l'élite, par un détachement dit philosophique, se complaisent dans leur tranquillité béate — qui était peut-être au fond, à leur insu même, l'objet principal de leurs soins..... La conclusion? c'est qu'un jour peut-être, sans songer à mal, vous avez cru bon de reconnaître, avec le haussement d'épaules du sceptique, qu'il ne faut pas trop *leur* en vouloir, et que, vainqueurs, sans doute nous en aurions fait tout autant; que d'ailleurs nous avons signé un traité en connaissance de cause, et qu'il faut, en hommes loyaux, nous résigner de bonne grâce; que la caserne obligatoire est un pénible séjour et que la paix armée est ruineuse pour tout le monde; qu'enfin le temps a passé, que ceux de là-bas qui ont voulu rester Français ont pu opter pour la France et venir de ce côté-ci des Vosges, que, si les autres ont sans doute la mémoire fidèle, hélas! leurs souvenirs vieillissent et meurent avec eux, et que leurs fils portent sans trop de scrupules le casque de cuir bouilli... Vous voyez bien que mon ami d'Alsace a quelque raison de se croire vite suspect et d'être quelquefois susceptible.

Je ne rappellerai pas, pour vous répondre, que les Français même vainqueurs, n'ont pas toujours agi comme vous l'imaginez, — que la Savoie avait voté, en 1860, — qu'entre le dix-septième siècle et le dix-neuvième a passé la Révolution.

Je ne répéterai pas tout ce qu'ont fort bien dit et Legrelle, et Lavisse, et Reuss, et Jean Heimweh.

Mais je voudrais essayer de défendre ces malheureux qu'on accuse... Oui certes, j'en connais, et beaucoup, de ces braves gens qui sont restés là-bas après la guerre. Nous, qui avons eu la vertu facile, nous sommes naturellement intransigeants pour les autres. Le devoir est commode à faire, lorsqu'on a rien à faire pour le faire; et, quand nous nous redressons fièrement dans notre qualité de Français, il faudrait un peu songer que nous ne nous sommes donné, pour l'acquérir et la garder, que la peine de naître. Pensons un peu aux autres, moins heureux, et, si un homme qui a toujours vécu dans un pays, qui s'y est établi, qui s'y est marié, qui a là sa famille, ses affaires et ses habitudes, hésite à briser tout cela de gaîté de cœur pour courir les aventures, souvenons-nous de la parole évangélique, et ne lui jetons pas la pierre avec la hautaine cruauté d'impeccables héros. S'il était venu vers nous, sans doute nous lui aurions tendu les bras; il est resté là-bas : soyons indulgents; il souffre assez,

Et quand ses fils seront grands, que leur laissera-t-il faire? Que voudront-ils faire? Soyons indulgents encore : nous tous qui portons des noms français, qui n'avons pas de parents sur les listes électorales allemandes, qui avons autour de nous nos relations et nos appuis, qui vivons ici comme dans le milieu naturel où nous avons toujours vécu, nous trouvons, malgré toutes ces circonstances favorables, que la lutte est âpre pour l'existence : ne soyons pas trop sévères pour nos frères qui sont restés là-bas parce qu'ils s'y sentaient plutôt «chez eux» et qu'ils y avaient une place toute faite. Songeons surtout, je vous en prie que nous pouvons quitter les nôtres, errer à l'aventure, chercher fortune à travers le pays tout entier. Si demain, pour une circonstance subite et malheureuse, les vieux — ou les plus jeunes — ont besoin de nous, une lettre, un télégramme nous appelle, et, sans autre formalité, avec quelques heures de chemin de fer, nous voilà! Mais pour les malheureux qui seraient venus de là-bas... Ecoutez cette simple histoire.

Je connais, dans une petite ville d'Alsace, un brave homme qui y est né et qui y a toujours vécu. C'est un excellent Français, sujet allemand, par la force des circonstances et des traités, qui lit régulièrement et sérieusement les journaux de France, qui s'occupe des affaires de France avec plus d'exactitude et les pénètre avec plus de clairvoyance, hélas! que beaucoup de Parisiens. Et il a un fils, aussi Français que lui. Que ferait le fils? On hésita... S'en aller, c'est traîner péniblement les années de son adolescence et de sa jeunesse à la recherche d'une situation, sans famille et sans soutien; c'est surtout quitter le pays pour toujours, *n'avoir pas le droit d'y rentrer*, se condamner à ne plus voir ses parents qu'en leur donnant rendez-vous à Nancy ou ailleurs, dans des salles d'attente et des chambres d'hôtel, et *savoir qu'on ne les verra plus jamais*, le jour où ils ne seront plus assez valides pour faire le voyage. Rester au pays et prendre, dans les bureaux paternels, le fauteuil directorial, c'est l'uniforme haï, c'est l'état-civil allemand, définitivement. On profita de ce que l'obligation de prendre un parti n'était pas immédiate, pour envoyer le jeune homme achever ses études, non pas à Berlin, ni à Cologne, ni à Francfort, mais à Paris.

Il passa quelque temps dans un lycée de la capitale; et, comme il ne cachait pas son origine, qu'il avait d'ailleurs l'accent significatif, les camarades lui appliquèrent parfois avec insouciance, l'heureuse épithète que je rappelais tout à l'heure. Influèrent-ils, par leur légèreté, sinon sur ses sentiments, du moins sur sa conduite? Je n'ose l'affirmer... Cependant, il fallait prendre une décision. Après deux ans de Paris, il retourna dans son pays — pour toujours...

Un jour, il y a dix-huit mois, j'arrivai dans cette petite ville et j'allai leur faire visite; je me réjouissais d'avance de leur accueil amical, j'entrevoyais déjà, à la place accoutumée, ici un portrait de Thiers et un portrait de Gambetta, édités par le *Temps* après la guerre, là deux mauvais « chromos » représentant des soldats français au bivouac, — que j'avais l'habitude d'aller saluer à chaque voyage, comme pour m'assurer que dans cette maison continuait à vivre le souvenir fidèle des temps disparus... Je trouvai toute la famille en pleurs : la mère était très gravement malade. Le fils, qui était là, en civil, m'expliqua en deux mots que sa garnison n'était qu'à une heure et demie de chemin de fer, qu'il avait reçu une dépêche la veille, qu'il était accouru aussitôt. Et nous avons pensé à nos entretiens d'autrefois, lorsqu'il s'agissait de savoir s'il retournerait dans son pays, ou s'il resterait en France. Le voyez-vous, à cette heure-là, soldat français ? Les démarches auraient « traîné » — trop longtemps sans doute ; et, presque certainement, ni l'autorité militaire française n'aurait consenti à le laisser sortir du territoire français, ni l'administration du Statthalter à le laisser rentrer sur le territoire allemand. Si près qu'il eût été de la frontière, empêché *non par le temps et la distance*, mais par de *simples rigueurs administratives*, il n'aurait pas eu la douloureuse satisfaction de recueillir le dernier sourire de sa mère mourante. Il pleurait à chaudes larmes ; et de plus intransigeants que moi auraient été désarmés.

Aujourd'hui, il n'est plus soldat ; et quoique ayant subi la loi militaire allemande, il est aussi Français que son père, qui était né Français ; ce sont deux cœurs français qui battent dans cette petite maison alsacienne, et, aux prochaines élections, le *candidat protestataire aura deux voix de plus dans cet arrondissement.*

Car c'est là que j'en voulais venir, et c'est, je vous prie, ce qu'il faudrait un peu considérer. Quand le Reichsland nomme ses représentants à la Délégation ou même au Reichstag, je ne dis pas qu'à Paris on attende les dépêches avec anxiété : combien de Français savent qu'en ce moment même les Alsaciens se préparent à voter ? Mais, en apprenant les résultats, nous sommes tous, malgré l'habituelle insouciance, délicieusement chatouillés dans nos cœurs ; et surtout, je le veux croire, nous nous sentirions péniblement gênés, si les nouvelles mauvaises nous forçaient à détruire en nous des illusions légitimes.

Or, ou bien, dans toutes nos phrases sur la question d'Alsace et sur le patriotisme des Alsaciens, il n'y a que des mots vides et qui nous trompent nous-mêmes, — ou bien il nous faut accepter simplement des situations comme celle dont je parlais tout à l'heure, et même nous en réjouir, en attendant mieux. N'est-ce pas Edmond About qui aurait voulu que tout le monde restât et qu'on ne fit pas le vide devant l'immigration allemande, à son plus grand profit ? Quand nous disons d'une voix sonore que « l'Alsace reste inébranlable dans sa fidélité », que pourrait-il bien y avoir sous nos phrases empanachées et claironnantes, si l'Alsace ne contenait plus maintenant, au lieu de Français indigènes devenus *sujets allemands*, que des immigrés badois et saxons, prussiens et wurtembergeois ! Ils sont Allemands, mes deux amis, dans leur maison paisible, entre Thiers et Gambetta. Il est Allemand, ce vieil ouvrier des champs qui me disait à l'oreille, entre deux chopes de bière, qu'il avait défilé à Satory en 1866, et qu'il gardait précieusement, dans un coin de sa bicoque, pour un jour toujours espéré, son plastron de lancier français. Son baragouin est incompréhensible, et Dieu le garde de venir jamais à Paris : à la moindre querelle avec un conducteur d'omnibus, la foule se ruerait sur lui en l'appelant Prussien ! Il est Allemand, ce gros boulanger que j'ai vu dans sa boutique prospère, au fond de son village, où il était revenu, un beau jour d'il y a longtemps, rapportant de Crimée des fièvres, des blessures, des brisques, et même un bout de ruban rouge. Mais l'autre soir, sur le boulevard Montmartre, on aurait reconnu son accent, et la foule n'aime pas les traitres ! Il est Allemand, cet artisan modeste qui a passé sa vie, dans un coin de *son* Musée, à restaurer par des procédés de lui seul connus les vieilles gravures et les vieilles estampes, — fier de son travail et de son habileté qui contribuent à la gloire européenne des collections de sa ville natale. Allemand, ce bibliothécaire qui fouille avec passion les archives de sa petite patrie, Colmar ou Strasbourg, et dégage des poussières d'autrefois les souvenirs de la vie française en Alsace. Allemand, ce professeur de la Faculté qui est resté en relations d'amitié, en communion de travaux et de pensée avec ses condisciples du temps français, et qui est le maître préféré, le protecteur et l'ami de tous les étudiants *indigènes*. Ils sont Allemands, ces sapeurs-pompiers de Strasbourg, qui, le dimanche matin, après l'exercice, sonnant des sonneries françaises, rentrent en ville aux acclamations frénétiques de la foule. Et ils sont Allemands, tous ces Strasbourgeois, jeunes comme vieux, qui les acclament ! Allemands, tous Allemands : mais ce sont ces Allemands-là, laboureurs, ouvriers et commerçants, protestants, juifs et catholiques, qui conservent en eux avec jalousie et transmettent avec fierté aux générations suivantes ce que J. J. Weiss appelait *la molécule*, la molécule de sang français et d'âme française. Tous " demi-français ", tous « sujets allemands», voire « sans patrie » et « renégats», comme disent nos journalistes vertueux et doux ; mais, sans ces Allemands-là, les Dupont des Loges et les Teutsch, les Winterer et les Sieffermann, les Charles Grad et les Jacques Kablé, les Lalance, les Antoine, les Preuss n'auraient pas siégé sur les bancs de l'Alsace-Lorraine, au Parlement de Berlin! sans ces Allemands-là, les circonscriptions de l'Alsace-Lorraine ressembleraient à toutes les autres circonscriptions de l'Empire, et il n'y aurait, dans quinze jours, pour aller les représenter au Reichstag, que de bons Allemands d'Allemagne !

Puisque nous sommes fiers d'être ainsi aimés, et qu'il plaît à notre amour-propre de voir dans un coin du Reichstag un petit groupe de députés qui représentent le droit et qui pensent à nous, n'oublions pas que ces hommes ne sont là que par la volonté de tous ces Français restés en Alsace, devenus « Allemands » sur les registres de leur commune, et que, pour un peu, nous traiterions en ennemis. Le jour où il n'y aurait plus là-bas de ces « Allemands » que certains sont si prompts à soupçonner, à railler ou à outrager, parce qu'ils n'ont pas « opté pour la nationalité française », ce jour-là, sans doute le crime commis en 1871 contre la conscience humaine resterait toujours au passif de l'Allemagne, mais, en fait, la question d'Alsace n'existerait plus. Soyons logiques : la déduction est aussi simple que rigoureuse : *pas d'indigènes devenus « sujets allemands », pas d'électeurs protestataires, — pas d'électeurs protestataires, pas de députés protestataires, — et pas de protestataires, pas de protestation.*

De ces Allemands-là, pour nous-mêmes Français, il faut qu'il y en ait : ce ne sont pas les pierres de la cathédrale qui pourraient voter à leur place.

***

Je ne demande pas pour eux un traitement de faveur ; je ne dis pas qu'il faille les préférer à ceux qui ont *tout quitté* pour rester citoyens et soldats français ; je ne prie pas qu'on leur ouvre aussi libéralement qu'à ceux-là nos administrations, nos magasins et nos bureaux.

Mais, ne l'oublions pas: si nous devons encore et toujours avoir le regard fixé sur nos départements perdus, si nous avons aujourd'hui, comme il y a vingt-cinq ans, le droit de revendiquer le Droit, ce n'est pas surtout à cause de la *terre*, et parcequ'un drapeau qui n'est pas le nôtre flotte sur un sol qui fut nôtre ;

ce n'est pas surtout à cause de *l'exode* de ceux qui, après ou depuis la guerre, ont dû passer la nouvelle frontière pour rester Français, et parce que des milliers d'Alsaciens sont morts ou mourront avec un grand regret au cœur, le "Heimweh", le regret du doux chez-soi dans ce pays qu'il était si doux d'habiter ; c'est avant tout à cause de la *conscience* de ceux qui sont restés là-bas, et parce qu'il y a dans ce pays d'anciens Français et des fils d'anciens Français, qui, même sujets allemands, même réservistes allemands, aiment la France du fond de leur cœur, qui espèrent toujours, et qui, en attendant, votent pour elle avec une obstination qui exige parfois, je vous l'assure, un singulier courage.

Perdons l'habitude de dire, soit malveillance, soit étourderie, d'un homme au nom barbare, né à Strasbourg, qu'il est *d'origine Allemande*, et d'un autre qui passe ses vacances à Colmar, qu'il a *des relations douteuses à l'étranger !* Surtout ne nous laissons pas aller, en présence de ces "sujets allemands", à des accès de vertu bête, surveillons-nous, sachons retenir — une fois n'est pas coutume — un sourire malicieux ou une plaisanterie qui serait dangereuse. Ayons assez de délicatesse pour ménager la leur, et tendons-leur la main bien ouverte : nous avons leur cœur — et leurs votes, songez-y — : sachons les garder.

Etes-vous bien sûrs de ce que vous auriez fait à leur place ?

Au dessous des héros, il faut apprécier encore, respecter et aimer ceux qui sont simplement de braves gens, surtout quand ils souffrent, — et que la raison de cette souffrance qui ne les a pas abattus depuis vingt-cinq ans, qui n'est pas près de les abattre encore, c'est la fidélité de leur cœur à la patrie française.

Juin 1893.

GEORGES DELAHACHE.

Imp. Mercier
156, Route de Versailles, 156
BILLANCOURT

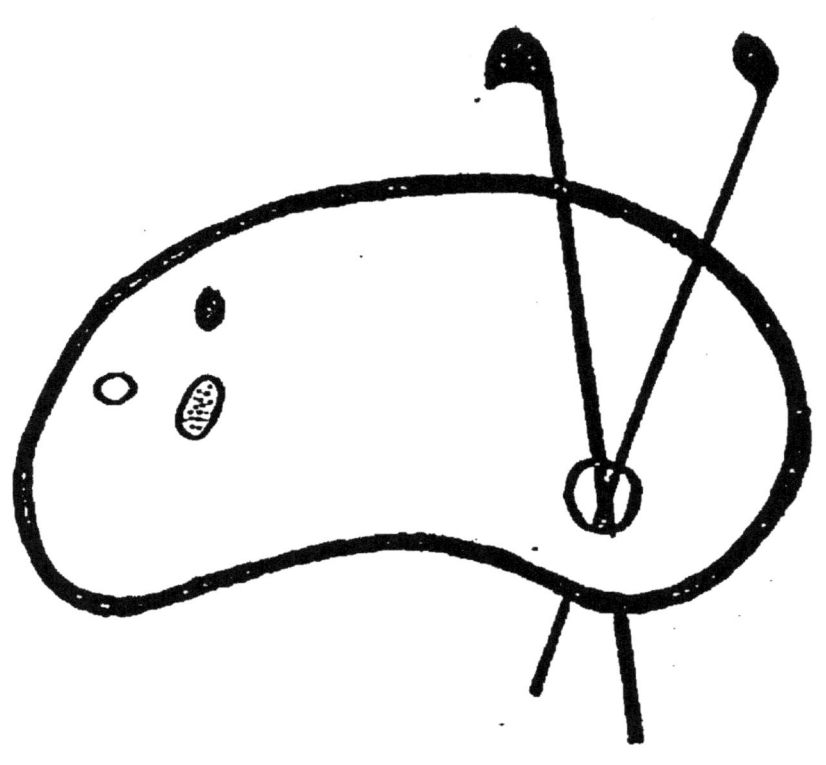

ORIGINAL EN COULEUR
NF Z 43-120-8

www.ingramcontent.com/pod-product-compliance
Lightning Source LLC
Chambersburg PA
CBHW060900050426
42453CB00011B/2052